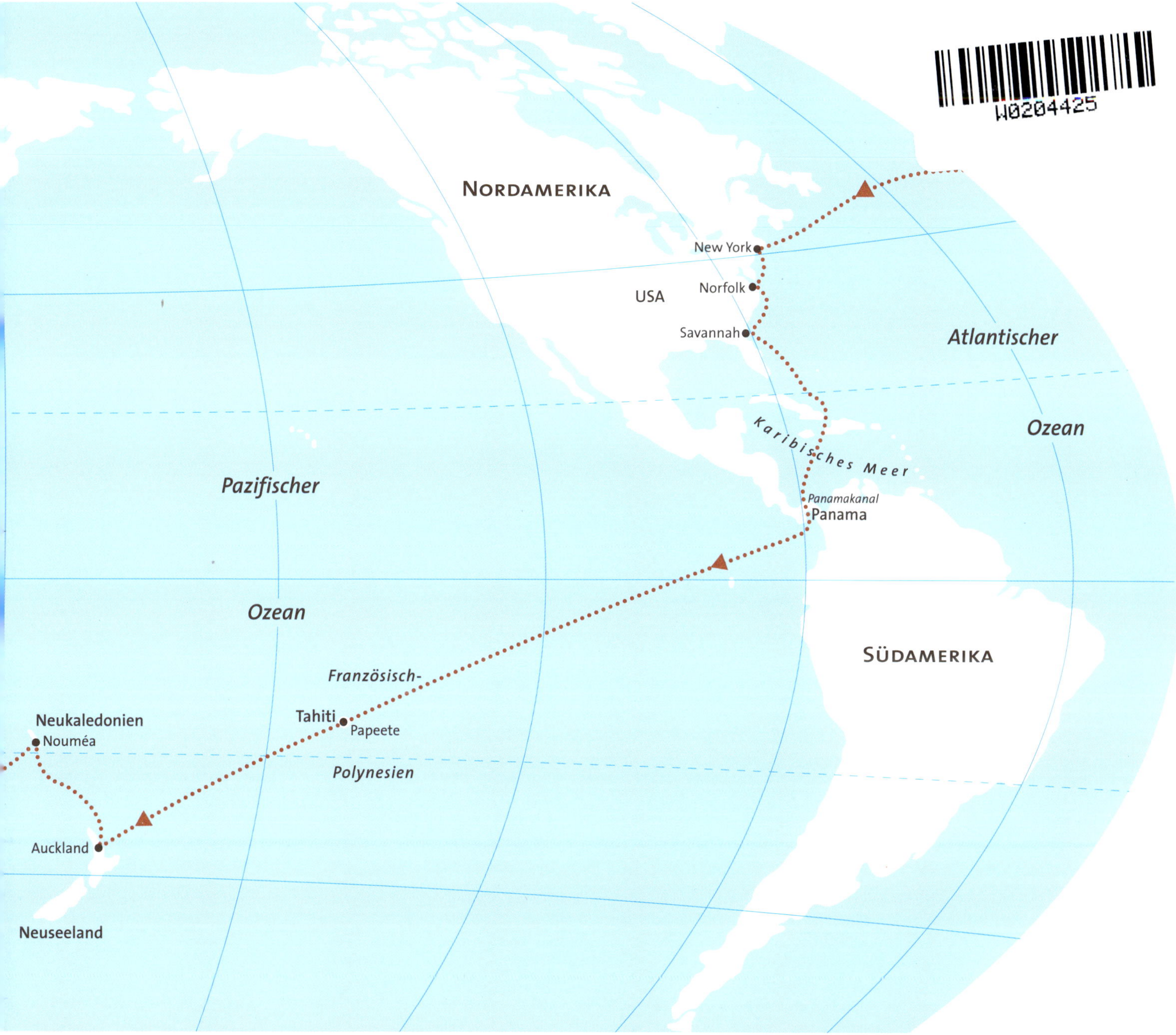

Nordamerika
New York
USA
Norfolk
Savannah
Atlantischer
Ozean
Karibisches Meer
Panamakanal
Panama
Pazifischer
Ozean
Südamerika
Französisch-
Polynesien
Tahiti
Papeete
Neukaledonien
Nouméa
Auckland
Neuseeland

W0204425

Peter Schanz · 87 Tage Blau

Vorwort

Die Alphabetisierung des Blaus

Wasser ist das Element der Verwandlung. Es ist weich und hart, glatt und rau, still bisweilen und dann wieder aufwühlend wild. Wasser kann geschmeidig sein, geradezu anschmiegsam in der Art, wie es den Rumpf eines Schiffes umspielt oder den Körper eines Schwimmers, um ihn im nächsten Moment mit aller Gewalt hin und her zu werfen, brachial und unerbittlich bis zur Grausamkeit. Wir steigen nie zweimal in dieselbe See.

Wasser ist blau, aber niemals auf ein und dieselbe Weise. Die Farbe der Meere spiegelt, so heißt es, den Himmel. Der Stand der Sonne und der Zug der Wolken geben dem Wasser und seiner Weite ein Gesicht, lassen es freundlich und einladend erscheinen oder auch abweisend kalt. Glitzerteppiche breiten sich über die aufschwappenden Wellenrauten und locken mit Licht. Doch schon im nächsten Augenblick kann sich der Himmel verfinstern, das Wasser schwillt an, bleigrau und bedrohlich, und nichts ist mehr, wie es war. Aber auch unter einem strahlend blauen Himmel kann das Meer eine geriffelte, von unzähligen Schattenspitzen wimmelnde Fläche sein. Und selbst bei milchig trüber Witterung kann eine kabbelige See plötzlich aufschießen zu einem gischthellen, leuchtenden Grün.

Wasser ist das Element der Verwandlung. Sein Anblick ist mit nichts auf der Welt vergleichbar. Von Tag zu Tag, von Stunde zu Stunde gleicht es sich nicht einmal selbst. Das beweist dieses Buch. Wasser ist blau, aber niemals auf ein und dieselbe Weise. Unter »himmelblau« kann sich jeder etwas vorstellen. Würde man die Farben, die verschiedene Menschen mit diesem Wort verbinden, nebeneinander legen, dürften die Unterschiede nicht allzu groß ausfallen. Anders das Meer. Ist von »ozeanblau« die Rede, verliert sich die Phantasie in einer Mannigfaltigkeit von Eindrücken. Sechsundachtzig von ihnen hat Peter Schanz bei seiner Weltumrundung auf einem Containerschiff festgehalten. Jedes Blau, das er fotografiert hat, ist von ganz eigener Art. Es ist mit dem Blau anderer Meere und Breiten nicht zu verwechseln. Für jedes dieser sechsundachtzig Blaus bräuchte man ein eigenes Wort. Doch vor einer solchen Vielfalt versagt die Sprache. Was bleibt, sind die Bilder in ihrer Einzigartigkeit und das Gefühl, beim Anschauen und Verweilen ganz allmählich zu einem Analphabeten dieser Farbe zu werden. Jedes Blau ist auf seine Art unsagbar.

Wo sich keine Worte finden, suchen sich Träume und Erinnerungen ihren Weg. Auf einmal sehe ich die feinsalzige Frische der Nordsee, ich schmecke die herbe Salzigkeit des Atlantiks auf der Zunge, spüre seine prickelnde Kühle auf der Haut, um dann einzutauchen in die sonnige Milde des Mittelmeers mit seinem Spaghetti-Wassergeschmack. Gerüche von brackigem Hafenwasser kommen auf und die schlammig schale Feuchtigkeit der Flussmündungen. Je länger ich auf diese Momentaufnahmen der Weltmeere schaue, desto mehr fange ich an, das Wasser zu lesen. Ich glaube, auf einmal erkennen zu können, wie warm oder kalt es ist. Ich versuche, seine Tiefe abzuschätzen und anhand der Höhe der Wellen zu ermessen, mit was für einer Wucht die Dünung auf den breiten Bug des Containerschiffes trifft. Ich rieche und schmecke die Gischt in der klebrigen Luft, vermischt mit Schiffsdiesel und Maschinenöl. Und ich spüre das Vibrieren des gesamten Schiffes, das sich unaufhaltsam durch die blauen Wasserwüsten schiebt in einer nicht nachlassenden, nie sich gleichenden Bewegung: mal schaukelnd, stürzend und schwer, mal leicht und nahezu lautlos dahingleitend auf seiner Bahn.

Eine Reise beginnt, ein bewegter Traum. Und doch bieten sich – inmitten dieser wechselvollen, blau umrauschten Fahrt durch Zeiten und Entfernungen – immer wieder Anblicke der Ruhe und des Verweilens. Namhafte Meere liegen in unfassbarem Schweigen da, Bilder der Unschuld einer zur bloßen Farbfläche verstummten See. Selbstverständlich reist auch eine gehörige Portion Neugier mit. Auf so mancher Seite wartet das Exotische und Unbekannte. Klangvolle Namen von Meeren und Meeresengen sowie

Peter Schanz

87 Tage Blau

Logbuch einer Erdumrundung
in Text und Fotografien

Mit einem Vorwort von
John von Düffel

Sanssouci

deren entlegene Längen- und Breitengrade mit ihrer lakonisch-arithmetischen Poesie, Vermessungen des aqua incognita. Eine ganz eigene Geographie der Farben tut sich auf: Fremde Gewässer zeigen ihre blauen Rücken, ducken sich wie gezähmt vor dem Objektiv und lassen doch in einer blauschwarzen Schattenmulde, einem Wirbel oder einer Wölbung ihre bodenlose Tiefe ahnen und manchmal durch den Anschlag einer Schaumzunge ihre Willkür und Gewalt.

Blau ist die Farbe der Sehnsucht, der Stoff, aus dem die Träume sind, aber es ist auch die Farbe einer ruhenden, aus dem Dunkel heraufdämmernden Kraft.

Es wird zahlreiche Lieblingsblaus geben auf dieser Reise: die vielgesichtigen und friedvollen Blauspektren des Pazifiks, das Unruheblau des Atlantiks, die grünblauen Hafengewässer von Papeete, Melbourne, Jakarta und Port Said, das Indikwasser des Southern Ocean und des Indischen Ozeans oder das Indigoblau des Roten Meeres, das sich im Golf von Suez zu einem flächigen Türkis verfärbt. Namen und Farben verbinden sich zu einem lebendigen, nie stillstehenden Bildergedicht, das ein Rauschen im Innern beschwört wie das Hineinhorchen in eine Muschel. Immer neu, immer wieder anders mischen sich diese Formen und Farben zu einem Memory aller Meeresträume.

Und dann wieder schweigt das Blau und blendet den Träumer mit Licht.

Man muss sie beinahe nüchtern nennen, diese Chronik der Meeresfarben und ihrer bewegten Verwandlungen, die Peter Schanz auf seiner Fahrt ins sechsundachtzigfache Blau gelungen ist. Sein Fotoblick ist dokumentarisch, zurückgenommen, er verzichtet auf spektakuläre Inszenierungen mit gleißendem Lichteinfall und dramatischem Schattenwurf. Ihn interessieren nicht die Verwerfungen des Windes und die Himmelsspiegelungen auf der Wasseroberfläche. Die obligatorischen Sonnenuntergänge, Morgenröten und Gewitterstimmungen fehlen ganz. Der Blick, den Peter Schanz auf das sich wandelnde Blau der Weltmeere wirft, ist pur, ohne puristisch zu sein. Aus der Arbeit dieses Farbchronisten spricht eine stille Leidenschaft – voller Hingabe an ein Element, das keiner Zutaten bedarf, um seine Faszination zu entfalten.

Das vorliegende Buch ist eine Hommage an das Meer. Es hebt eine ganz und gar unkitschige und ungekünstelte Bildersprache unserer Wasserträume aus der Taufe. Und es bietet seinem Leser und Betrachter von der ersten bis zur letzten Seite ganz nebenbei eine Alphabetisierung des Blaus in sechsundachtzig Bildern.

John von Düffel, im Frühjahr 2003

1. Tag

Auslaufen Rotterdam
Höhe MVN-Tonne

Nordseewasser

Und warum machen Sie das eigentlich? Weil ich wissen will, ob sie wirklich rund ist. Na wenn Sie meinen, leben Sie wohl, gute Reise. Ich habe mir ein Schiff gefunden, dessen Reeder glaubhaft versichert, es werde so lange gen Westen fahren, bis es aus dem Osten wiederkommt. Und dieses Schiff wird mich mitnehmen, für etwa drei Monate. Als so genannten S. N., als *supernumerary*. Der Überzählige bin ich, der Überflüssige, der unnütze Passagier. Ich darf fast alles, muss fast nichts und werde infolgedessen nur bedingt ernst genommen. Das ist in Ordnung. Ich will ja nur einmal, einmal herum kommen um diese Erde, einmal ans Ende gelangen. Dabei mich herausfallen lassen aus der Zeit und sehen, ob mich etwas auffängt.

2. Tag

Dunkerque, Port Ouest
Quai de Flandres

Hafenwasser Dunkerque

Mein Schiff fährt Container um die Welt. Sie hat einen englischen Namen, einen deutschen Reeder und eine liberianische Flagge, die sie noch nie zu Hause zeigen konnte. Sie ist aufgewachsen auf einer chinesischen Werft, hat einen italienischen Charterer, einen Obermaschinisten aus Polen, einen 1. Offizier aus Kroatien, einen 2. Ingenieur aus Litauen, einen russischen Bordelektriker. Und dann hat sie neunzehn Männer aus Burma, das man jetzt Myanmar nennen soll. Der Kapitän kommt aus Deutschland. Unsere Rettungsinseln auch, aus 37632 Eschershausen. Die Bordbibel ist ein Geschenk der Schweizer Seemannsmission.

3. Tag
Le Havre, Canal Bossière
Terminal de l'Europe

Hafenwasser Le Havre

Schnell noch zwischen den Häfen umhergesprungen, hurtig die letzten Container zusammengesucht für die große Fahrt. Dabei folgen wir brav einem aufwendigen Verkehrsleitsystem. Unsere Seefahrer sind Zauberer. Die können zweihundert Meter Schiff am Stück schweben lassen, können sie rückwärts einparken und vom Fleck weg Pirouetten drehen. Da ziehen sich die Kaimauern demütig zurück. Und wie wacker dieses stählerne Monstrum, dieser hoch bepackte Windfang zwischen peitschenden Böen leichtfüßig in eine Schleuse eingefädelt wird! Da zeigen auch Brücken Respekt, verbeugen sich tief vor der hohen Kunst der Steuermänner.

4. Tag
Der Kanal
49°56′ N, 3°47′ W

Atlantikwasser

Gleich zu Beginn der Klassiker, die Passage an sich, der Nordatlantik. Das erste Meer, das genommen werden will. Wie darf ich das verstehen? Maul halten! Wir sind so weit. Wir sind zu allem bereit. Steuerbord die Scilly Islands, das Leuchtfeuer von Bishop Rock: die Startflagge für Amerika, die Auffahrt des transatlantischen Begehrens. Heute mit Schlaglöchern. Das fängt ja gut an. Er krallte sich in die Reling, stemmte alles was er hatte gegen den Sturm und erstritt Stufe um Stufe. Als er die Brücke erreicht hatte und noch immer nicht über Bord geweht worden war, da sprang sein Herz über die blauen Wiesen, hüpfte über Berge und Täler und war in seinem Element: feucht, tanzend, vom Winde gekost.

5. Tag
Nordatlantik
48°57′ N, 11°23′ W

Atlantikwasser

O wehe Welt. Will uns die Alte nicht ziehen lassen? Will uns die Neue nicht kommen lassen? Festgemauert ist der Himmel. Das drückt uns suppig trüb und grau in den Kanal zurück. Das bläst uns fest – das gibt nur halbe Knoten gegen an. Und dann zum Dämmern: wo vorher Horizont war, da ist jetzt ungeheuer oben. Unten sind wir: im Krater. Rundherum Meer, den ganzen Berg hoch. Und wenn der Dampfer vorn mit dem Gesicht ins Wasser schlägt, dann ist die Gischt 150 Meter unterwegs bis sie dich oben auf der Brücke nass macht. Kurz vor Mitternacht still und heimlich die Rettungsweste anprobiert. Passt. Zum Glück. Zum Trost?

6. Tag

Nordatlantik

47°08′ N, 20°59′ W

Atlantikwasser

Die Biskaya hat sich letzte Nacht hinter unserem Rücken einen halben Tanker gepflückt – ganz die gierige Friedhofsgärtnerin. Wie sind die handelsüblichen Worte verwässert: das Schiff *auf den Wellen tanzend*, der Sturm *brüllend*, die Gischt *spritzend*, der Orkan *tosend*, die Naturkräfte *elementar*, die Rettungsaktion *dramatisch*, die Dunkelheit *hereinbrechend*, die Warnung *in den Wind geschlagen*, die Rettungsmannschaften *wagemutig*, die Windstärke *zunehmend*, der Nebel *plötzlich aufkommend*, die Notlage *verzweifelt*, das Bergungsmanöver *riskant*, die Umweltkatastrophe *nie da gewesenen Ausmaßes*, der Schaden *unvorstellbarer Größenordnung*. Schließlich: das *kühle* Nass, das *feuchte* Seemannsgrab, Ende einer Seefahrt die ist *lustig*.

7. Tag

Nordatlantik

44°44′ N, 32°40′ W

Atlantikwasser

Nachts zwischen den Containern an Deck: es ächzt atmet bellt blafft blökt blubbert, es brabbelt brüllt brummt donnert flattert flüstert furzt, es greint grunzt gurgelt gurrt hackt hämmert hechelt heult hustet, es jammert, es juchzt keift klatscht kläfft klirrt klopft knackt knallt knarzt knirscht knistert knurrt kracht krächzt kräht kratzt kreischt lacht malmt meckert, es murmelt nagelt orgelt peitscht pfeift pladdert plärrt planscht plätschert prasselt quakt quengelt quietscht rappelt raschelt raunt röchelt röhrt rülpst sägt säuselt schabt, es scheppert schlabbert schmatzt schmirgelt schnäuzt schnarrt schnaubt schnopert, es schnurrt schreit seufzt singt sirrt splittert summt surrt stöhnt tropft wiehert, es wimmert winselt wispert würgt, es zirpt, es zwitschert.

8. Tag

Nordatlantik

43°16′ N, 43°32′ W

Atlantikwasser

Wir schlagen Haken zwischen den schlechten Wettern und geraten in immer noch schlechtere. Eine inbrünstige Apathie durchwabert das Schiff. Zuerst haben die Männer mit dem Rasieren aufgehört. Der Sturm blieb. Dann haben die Männer das Reden eingestellt. Der Sturm blieb. Die Männer sind grau geworden über Nacht. Der Sturm bleibt. Das sieht nicht gut aus: Dieses Schiff, dieses lange, große, schöne Schiff verbiegt sich, das verdreht sich im Sturm, das kann doch nicht halten, das muss brechen, das wird brechen, mittendurch. Von wegen. Der Mensch kann nicht tagelang Angst haben. Länger als paar Stunden geht das nicht. Dann hat der Mensch verloren, die Angst. Der Sturm hat den längeren Atem.

9. Tag

Nordatlantik

41°18′ N, 50°12′ W

Atlantikwasser

Dieses Hineinfahren ins Schwarze in die Schwärze in das Nichts dieses einfach Draufzuhalten auf das Loch – du siehst nicht wo sie hinfährt – was ist das für ein ungeheurer Schlund – du siehst nicht wo du hineingerätst – was ist das für ein unverschämter Sog – tu nicht so als würde es sie nicht geben – was ist das für ein geiles Ziehen – natürlich gibt es die – du hast sie doch gehört – du warst doch schon bereit du warst doch schon fast rüber – Nein: Wir wollen keinen Gott versuchen, wir wollen auch nicht kokettieren. Aber wir wissen jetzt, da unten sitzt eine und ruft: Komm. Wir sind außer uns. Wir sind jetzt geweiht, geläutert im Sturm.

10. Tag

Nordatlantik

40°55′ N, 60°23′ W

Atlantikwasser

Das Meer ist kein Krater mehr, sondern wieder eine schöne Scheibe. Auch die härtesten Seefahrer werden ganz weich im Herzen, wenn nach Tagen nordatlantischer Düsternis die Himmel aufreißen, wenn ein Lichtstrahl gewalttätig niederfährt und einen Regenbogen in die Wolken meißelt. Das ist die volle alttestamentliche Dröhnung, dieses herrliche *Kinder-ich-kanns-noch*-Getue des Alten Herrn. Jetzt heißt es Schäden zählen, Trümmer räumen, Wunden lecken. Die stattliche Schildkröte, die mit einem Brecher auf die Back geschleudert wurde, ist auf dem Weg in die Küche.

11. Tag

Nordatlantik
40°34′ N, 68°11′ W

Atlantikwasser

Noch bis in die späten 50er Jahre habe es in den USA nach der Ankunft eines jeden ausländischen Frachters eine besondere *immigration*-Prozedur gegeben, die unter der trefflichen Bezeichnung Schwanzparade Eingang in den Wortschatz der deutschen Handelsschifffahrt gefunden hat. Die gesamte Besatzung musste vor den Offiziellen antreten und den Nämlichen aus der Hose holen. Der wurde dann in Augenschein genommen, um Tripper-, Schanker-, Syphilis-Verdächtigten den Landgang zu verwehren. Man sagt, dieser lustige Brauch sei erst dann eingestellt worden, als französische Einreise-Behörden eine Zeit lang die Organe amerikanischer Bürger sich vorzunehmen begehrten.

12. Tag

New York City, Brooklyn
Red Hook Terminal

Hafenwasser New York

Feiertagsstimmung an Bord, ausgesprochen gute Laune, geradezu eine lausbubenhafte Aufgeräumtheit. Da haben wirs doch wieder mal geschafft. Alle haben klein beigegeben: Der Atlantik. Die See. Das Meer. Soll es doch kommen, das Amerika! Und da kommt es. Die Lichter werden Kanten, werden Umriss, werden Küste. Wir ahnen was wir kennen. Und dann überrascht es doch appeldick: Sonntag früh um zehn vor fünf: Ja! da isse! Frollein Freiheit! Die große Wegweiserin! Das ist ein erregender Anblick. Das ist auch eine geniale Stelle. Nur stille sein jetzt. Und bitte kein Geraune über die Gefühlswelten von Millionen von Auswanderern aller Generationen Länder Klassen tätärätä. Dann runter, rein, und zwölf Stunden Tempotaumel.

13. Tag

Norfolk VA

Norfolk International Terminal

Hafenwasser Norfolk

Dankbar registrieren wir, wie der größte Kriegsflottenstützpunkt aller Meere in schwitzig vernebeltes Schweigen sich hüllt. Wir sehen nicht: die Kronjuwelen der Vereinigten Staaten, die Reichsinsignien einer Demokratie. Die Budgets ganzer Staaten liegen hier zu Wasser gelassen. Aber nachts bei der Ausfahrt ist der Nebel weg. Wir sehen: fünf Dutzend Kriegsschiffe vom Minensucher zum Flugzeugträger, geschmückt mit bi-ba-bunten Lichterketten. Das sieht aus wie Christbaumbeleuchtung, nein – das ist als Christbaum gemeint! Wir fragen uns: Ist das jetzt der Gipfel der Perversität: Zerstörer als Lichterketten? Oder die ultimative Friedensfürst-Metapher: Zerstörer zu Weihnachtsbäumen?

14. Tag

Atlantik

33°45′ N, 76°43′ W

Atlantikwasser

Mein Schiff kann 2226 20er-Container mitnehmen. Einmal von achtern nach vorn gelaufen sind es backbord 239 Schritte und 13 Stufen, steuerbord zurück sind es 240 Schritte und 13 Stufen. Mein Schiff ragt 11 Meter tief ins Meer hinein. Einmal vom Upper Deck aufs Brückendeck gelaufen sind es außen rauf 100 Stufen; innen runter 87 Stufen. Auf meinem Schiff gibt es 82 Videokassetten, 74 VCDs und 34 PlayStation-Spiele. Die Maschine hat 28 380 PS und braucht 70 000 Liter Brennstoff am Tag. Die Birne des Suezkanal-Suchscheinwerfers braucht 3000 Watt. Wir haben 400 Kilo Geflügel im Kühlraum. Mein Schiff hat 60 Millionen Mark gekostet. Ein ägyptisches T-Shirt mit dem Porträt meines Schiffes kostet 10 US Dollar.

15. Tag
Savannah GA, Savannah River
Garden City Terminal

Flusswasser Savannah River

Was haben wir hier zu suchen auf den Wiesen, zwischen den Häusern, unter den Brücken? Wie aufdringlich promenieren wir vor Dachgeschossfenstern! Das macht man doch nicht. Was haben wir verloren auf einem Fluss? Nein, wir gehören hier nicht hin. Aber nirgendwo sonst ist die Schlepper-Form schnörkellos schlichter aufs rechteckige Ur-Oval gebracht. Gleichzeitig behaupten die *tugs*, die uns auf den Haken nehmen, in Farbgebung und Detail ein sattwürziges Südstaaten-Selbstbewusstsein. Ob man je im Leben den Satz »Meinen schönsten Schlepper habe ich in Savannah gesehen« wird aussprechen können, ohne als ein prätentiöses Arschloch zu gelten?

16. Tag

Atlantik

28°15′ N, 77°48′ W

Atlantikwasser

Ich hab doch hoffentlich Post? Wieso hab ich keine Post? Warum hat der Agent keine Post mitgebracht? Das gibt es nicht! Sehen Sie noch mal nach! Ich weiß genau, dass meine Frau! Unmöglich, da wird doch nicht. Na gottseidank da ist sie ja. Der Seemann hat Rituale fürs Briefelesen – zum Beispiel: Feierabend Waschen Pflegen Lichteinziehen Vorsichtigöffnen Herantasten Hineinstürzen Einsaugen Handanlegen Nochmallesen Schlafen. Der Seemann hat Rituale fürs Briefeschreiben – zum Beispiel: Feierabend Hinsetzen Tagbeschreiben Reflektieren Erinnern Herantasten Hineinstürzen Einsaugen Handanlegen Weiterschreiben Schlafen. Seeleute schreiben Briefe, Seeleute lesen Bücher, Seeleute haben Gedichte unterm Kopfkissen.

17. Tag

Karibik

21°00′ N, 74°16′ W

Karibikwasser

Neben dem Video mit »Bridgette Belle's first double penetration« steht auch eines mit dem Titel »HIV and AIDS Information for Seafarers«. Die beiden Hauptdarsteller sind der Kapitän und der Rudergänger, beide aus Knetgummi und sehr animiert. Der nächste Hafen steht bevor, und der Kapitän klärt den Rudergänger auf. Zu diesem Zweck verwandelt er sich zuerst in eine kreischende Schwangere, dann in eine Spritze, die von Arm zu Arm hüpft, schließlich in einen prachtvollen Phallus, der sprechen kann und sich ein Kondom nach dem anderen überzieht. Zwischendurch ist er immer wieder der Kapitän. Der Rudergänger staunt. *This video is also available in Polish, Portuguese, Spanish and Tagalog.*

18. Tag

Karibik

15°17′ N, 76°42′ W

Karibikwasser

Zauberländer, magische Gestade: zwischen Kuba und Haiti schiffen, ein Fest feiern. Mit schwarzem Rum zollfrei *Cuba libre* mixen und Son und Salsa lieben. Bis der Alarm kommt: Maschinenstopp. Der *chief* und seine verwegene Heizerschar schmeißen sich in die Overalls und tauchen ab. Weg ist das vertraute Brummen. Kein Ton, nichts, kein Zittern mehr. Wir treiben dahin, steuerbord Jamaika. Das Fest ist gelaufen. Am anderen Morgen sagt der *chief*: Nein, sowas sei nicht schlimm; denn wenn was sei, dann wäre eben was; und sie hätten es ja hingekriegt. Im übrigen seien sie kurz nach Mitternacht fertig gewesen, hätten noch einzwei Biere genommen, und dann gut.

19. Tag

Panama, vor der Kanaleinfahrt auf Reede

9°26′ N, 79°55′ W

Ankerwasser vor Cristobál

Lass fallen Anker. 12 *shackle* sind unsere beiden Ankerketten jeweils lang. Und 1 *shackle* sind 15 *fathoms*. Und 1 *fathom* sind etwa 1,828 Meter. Ich darf aber auch 27,5 Meter schreiben, pro *shackle*. Wie wir alle so daliegen an den Ketten: kleine große alte neue Dampfer, glänzende schäbige rostige – alle von einem Strom in eine Richtung geordnet, sehr fein, sehr säuberlich: Schiffsfriedhof? Open Air Kino für Titanicer? Mc Shrimp Drive Thru? Lange Kette – ruhige Nacht. Da drüben schimmert Cristobál. Ach wenn wir doch rüber könnten für heute Abend! Bist du wahnsinnig? Letztes Mal Cristobál sind wir in ne Schießerei geraten, nie mehr. Ach komm! Ja, du warst ja nicht dabei, du warst ja die Zeit im Puff. Na eben.

20. Tag

Panamakanal, Kilometer 94
Höhe Gamboa

Kanalwasser Panama

Als Erstes kommt man an Lesseps' Fehlversuch vorbei, ein bescheidenes Stück Sackgasse in der Landschaft. Dabei war es so einfach: Dämme bauen, ein Gebirge unter Wasser setzen und auf jeder Seite ein paar Schleusen hintereinander weg, mit schönen Namen: Miraflores, Pedro Miguel, Gatún. Kleine Lokomotiven nehmen große Schiffe an die Leine und ziehen sie durch gigantische Kammern. Dann schwimmen wir über Stock und über Stein, durch Dschungel und durch graues grünes gelbes braunes und auch blaues Wasser. Es ist wirklich: ein Weltwunder. Die schwarzen Pelikane stürzen sich von der Schleusenmauer. Frische Fische für die Brut. Halt – was hat der aus dem Schnabel hängen? Sollte das wirklich eine Tigerente gewesen sein?

21. Tag

Pazifik

5°35′ N, 84°37′ W

Pazifikwasser

O Pazifik. Wahrhaftig, da liegt er hingebreitet, sanftmütig und friedfertig wie der Löschteich der freiwilligen Feuerwehr zwischen Dorfkirche und Fußballplatz. Nur größer, nur wärmer und viel blauer. Viel Meer haben wir jetzt vor uns und 8359 Kilometer bis zum nächsten Hafen. Welch eine würdige Art der Fortbewegung: dieses gemächliche Schwimmen zwischen den Ozeanen, dieses Hinübergleiten zwischen Zeiten und Klimaten, dieses gelassen zu Wasser flanieren. Wir können hier einen ganzen Tag lang einen anderen Dampfer überholen und keiner hupt. Gegen Abend sah ich einen Fisch einem Vogel hinterher fliegen. Der Fisch hat schließlich verloren. Schade. Wo kam eigentlich der Vogel her? Sind wir schon Höhe Galapagos?

22. Tag

Pazifik

2°45′ N, 92°31′ W

Pazifikwasser

Hinabgestiegen in das Reich der Heizer, unscheinbar die Pforte, ein Türchen nur. Doch wer sie durchtritt, dem wollen die Ohren bersten und die Knie weich werden: grad noch mit dem Wasser auf der Linie, jetzt plötzlich unterm Dach der Kathedrale. Da unten liegt sie, heiß und laut und ölig, weit unterm Meeresspiegel muss es sein, da thront sie mächtig, groß, bereit: Die Maschine. Gewaltiger Höllenschlund. Du bist der Bauch des Schiffes. Du bist die Kraft der Welt. Wir sind die Heizer. Wir sind deine Männer. Und die da oben – pfff: Nautiker. Das fährt doch von alleine! Wenn wir nicht und du!

23. Tag

Pazifik

0°07′ N, 99°40′ W

Äquatorwasser

Am Waschbecken. Es heißt doch, wenn sich das jetzt so rum dreht, dann dreht es sich hinterher andersrum. Aber wie dreht es sich, oder macht es überhaupt irgendetwas, wenn wir direkt darüber sind? Und wie herum ist das jetzt eigentlich? Das sieht doch aus wie – nein, aber in dem so wirbelt es gleichzeitig anders. Dreht sich das denn überhaupt noch? Ich sehe nichts. Sind wir etwa schon drüber? Ich verstehe alles nicht. Nachts dann deutlich verkehrt herum im Bett aufgewacht – linksdrehend? Immerhin überhaupt hineingefunden nach den Tauf-Feierlichkeiten. Ansonsten kein Strich im Wasser, keine Linie, kein Einschnitt.

24. Tag

Pazifik

2°42′ S, 107°18′ W

Pazifikwasser

Wer ewig nach Westen fährt, muss verdammt viele Sonnenuntergänge aushalten. Abend für Abend fährt man in sie hinein. Alle Röten der Untergehenden: die Abziehbildorgie universellsten Kitsches. Eigentlich. Nach drei Wochen erwarten wir große Abgestumpftheit. Von wegen. In tiefer lauterer Empfindung klebt der Seemann sein Herz unter die Wolken, sieht in den Bildern am Himmel alle seine Frauen und wartet auf das grüne Leuchten. Da fahr ich nun seit 47 Jahren zur See, sagt der Kapitän, und seine stahlblauen Augen beginnen erst zu flattern und saufen schließlich ab. Mit seinem kleinen Fotoapparat ist er auch heute dabei. Und schon ist die Sonne weg, Tadschikistan mit Morgenröte zu beglücken.

25. Tag

Pazifik
5°34′ S, 115°16′ W

Pazifikwasser

Unsere kleine Welt: Wir haben Dieselgeneratoren und stellen unseren Strom selbst her. Wir haben eine Meerwasserentsalzungsanlage an Bord und stellen unser Trinkwasser selbst her. Wir haben eine Kläranlage dabei und bereiten unser Abwasser selbst wieder auf. Wir haben eine Müllverbrennungsanlage im Schiff und entsorgen unseren Dreck selbst und speisen die dabei entstehende Energie wieder ein für den Strom, siehe oben. Wir haben Kraftstoff gebunkert für die Ewigkeit, solchen und solchen, und unsere Speisekammern, Kühlräume und Eislager sind voll bis ans Ende der Welt. Und für danach haben wir immer noch die Angelschnur. Kann mir mal einer verraten, was wir schon wieder im nächsten Hafen wollen?

26. Tag

Pazifik
8°10′ S, 122°52′ W

Pazifikwasser

Ein guter Koch hält Leib, Seele und das Schiff zusammen. Er jongliert mit den Launen der Offiziere und der Meuterbereitschaft der Mannen. Er ist ein Wissender. Der Schiffskoch ist der Medizinmann an der Seite des großen Häuptlings Kapitän. Wenn nicht er, wer dann: hört alles, sieht alles, weiß alles. Und lässt sich nichts anmerken. Reagiert fein mit Speisenfolgen. Legt da ein Bällchen mehr auf und da ein Salatblatt. Ein freundlicher burmesischer Buddha. Er hat auf einem griechischen Dampfer französische Küche gelernt und sammelt Rezepte aus dem Mutterland des Kapitäns. Der gute Koch vereinigt mit seinem Seemannscurry die Gaumen aller Länder an Bord.

27. Tag

Pazifik

10°44′ S, 130°49′ W

Pazifikwasser

Auf dem Peildeck aus der Hängematte den Himmel melken: Eben noch glimmte es herzblutinnig zwischen Wasser und Wolke, jetzt rollt sich der Dampfer zur Nacht. Licht aus, Schluss, zwei Minuten Abschied. Dann hält ein pyrotechnischer Kreativanarchist einen ersten Funken an die Schwärze und schon geht das Ganze hoch, bäumt sich ins All. Schnuppen stürzen Meteoriten Hagel Schlag. Exzesse im Weltall. Und diesen grandiosen uferlosen Haufen Sterne, nein, den hat der Herr – in Gottes Namen – vielleicht gemacht, ja. Aber gezählet? Nie. Gibt es nicht. Als Religionsgründer müsste man jetzt auf der Stelle stiften gehen.

28. Tag

Pazifik

12°53′ S, 138°13′ W

Pazifikwasser

Es gibt viel Hightech hier an Bord. Satellitengestütztes Navigationsgerät, computergesteuerte Überwachungssysteme für Brücke und Maschine – alles auf der Höhe der Innovation. Warum haftet dennoch der Seefahrt stets etwas wundervoll Altbackenes, etwas ewig Unzeitgemäßes an? Es sind die anrührend antiquierten Werkzeuge, die den Übergang zwischen Wasser und Land ausmachen. Es sind die archaischen Mittel geblieben: Seile! Leinen zum Festmachen! Werfen und Fangen! Mit der Hand! Das hat Noah schon vor der Sintflut so gemacht. Das Ankern: etwas Schweres an einer Kette ins Wasser werfen und hoffen, dass es uns hält. Und es hält uns auch, 200 Meter Schiffsneubau im Jahr 2000.

29. Tag

Pazifik

15°55′ S, 145°39′ W

Pazifikwasser

Wir fahren im Tuamotu-Archipel. Hier ist, wovon der Mensch träumt: die kleine Insel, der weiße Strand, die grüne Palme, die türkise Lagune, das blaue Meer. Kurz bevor der Mensch sich so satt gesehen hat, dass er sich fragt, wovon er eigentlich träumt, wenn er hiervon träumt, liefert die Natur einen kleinen Schnitt: eine Gewitterwand, einen heißen Tropenregen, der kein halbes Grad abkühlt, aber die Farben nochmals aufklart, einen mehrfachen Regenbogen im 360°-Panorama, und alles beginnt von vorn, trifft mitten ins Gemüt. Diese Sehnsuchtsbilder müssen doch älter sein als die Werbung, die sie benutzt? Ich mag uns nicht von außen sehen müssen: ein 2000-Container-Usurpator, hier, wo Kontiki landete. Gut, dass keiner da ist.

30. Tag

Papeete, Tahiti

Motu Uta

Hafenwasser Papeete

Tahiti leuchtet. Ein einzig Keimen Sprießen Schwellen Bersten. Regen Sonne Wasserfall. Alles grünt in allen Grüns. Wenn das nicht Gottes Paradiesgärtlein ist – wo sonst? Man mag sich vorstellen, wie der frühe Seemann nach Monaten Brackwasser und Pökelfraß, nach Scheißerei und Zahnausfall, nachdem er jeden Zweiten seiner Kollegen an Pest hat abkratzen sehen und ihn mit über die Kante hat schieben helfen, wie dieser alte Seemann hier in die blühende Landschaft sinkt und gen Himmel sieht: und die gebratenen Schweine fliegen ihm ins Maul und die Weiber tropfen von den Bäumen. Da heißt es Gott zu loben, preisen und zu danken. Bis dann der Missionar kommt.

31. Tag

Papeete, Tahiti

Motu Uta

Hafenwasser Papeete

Tahiti stinkt. Im Hafen hatten zwei fette Kreuzfahrer festgemacht, Heck an Heck. Da konnte ich erleben, wie einer dieser *cruiser* seinen Müll ausspie: die Essensreste und die Küchenabfälle. Im Schiff in der Müll-Luke wirkten Matrosen mit Atemschutz, draußen im Großcontainer würgten Polynesier ohne – und es ging Sack um Sack, Tonne um Tonne, Brühe um Brühe, Sack um Tonne, Tonne um Brühe, Brühe um Sack. Endlos Essensreste, Küchenabfälle, die Brosamen von der Herren Tische. Du kannst nicht mehr sachlich sein: die Reste Hunderter vollgefressener Fettsäcke. Du stellst dir vor: die Überreste Hunderter vollgefressener Fettsäcke. Der Gestank kann nicht infernalischer sein.

32. Tag

Pazifik

20°24′ S, 153°31′ W

Pazifikwasser

Wenn wir heute Tahiti (oder welches sprichwörtliche Exoten-Eiland auch immer) besuchen, leiden wir gerne am Verlust seiner Ursprünglichkeit. Das ist natürlich ein doppelter Irrtum, wenn nicht ein Satz Lügen. Denn weder kennen wir Tahitis Ursprünglichkeit noch leiden wir, es sei denn an uns selbst. Wir tun uns Leid, weil wir das, was wir gerne für Tahitis Ursprünglichkeit hätten halten wollen, nicht finden können; und weil es immer schon jemanden gibt, der die Erfahrung größeren Genusses wahrerer Ursprünglichkeit uns voraus hat. Entdecken heißt: die Decke wegziehen. Das nimmt den Schutz und die Scham. Und dieser eine erste Augenblick des Voyeurs – das war sie dann wohl, die Ursprünglichkeit.

33. Tag

Pazifik

24°59′ S, 160°21′ W

Pazifikwasser

Ich warte auf den Wal. Ich warte auf meinen ersten Wal. Ich habe Delphine gesehen, paarweise und zu Dutzenden, ich habe sie tagsüber glänzend und nachts leuchten gesehen. Ich habe Thunfische die See zum Kochen bringen sehen. Ich habe einsame schwarze Dreiecke selbstgenügsam durch die Wellen flanieren sehen. Schildkröten gab es und fliegende Fische bald täglich. Ich warte auf meinen Wal. Ich habe stundenlang tagelang steuerbord das Wasser studiert, und abends wurden von backbord Fontänen gemeldet und Schwanzflossen und alles was das Latein hergeben kann. Ich war immer falsch: auf der falschen Seite zur falschen Jahreszeit im falschen Ozean auf dem falschen Dampfer. Stopp! Da war! War das? Na bitte: wieder zu spät.

35. Tag

Pazifik

29°32′ S, 168°16′ W

Datumsgrenzenwasser

Was? Heute soll schon morgen sein? Und gestern gibt es nicht? Ist also nicht mal vorgestern, sondern überhaupt nie? Ein Leben ohne den gestrigen Tag. Andernfalls kommst du übermorgen in Neuseeland an und bist auf ewig zu spät. Warum? Du hast doch die letzten Wochen immer mal ne Stunde dazubekommen, weil sonst der Mittag verrutscht wäre. Ja, bin auf knapp zwölf gekommen. Siehste, und jetzt biste um die halbe Kugel rum. Hm. Und für die andere Hälfte kriegste noch mal zwölf. Und damit du die neuen wieder irgendwohin verstauen kannst, mussteste jetzt einen ganzen Tag über Bord werfen. Und den gibts nie zurück? Nö. Hmm das ist ja da könnte man doch manchen Tag einfach so oho ich wüsste da schon *geht freudig ab.*

36. Tag

Pazifik

33°20′ S, 176°17′ W

Pazifikwasser

Wir queren heute den Kermadec-Graben. Dabei überfahren wir die tiefste Stelle unserer ganzen Reise. Hier geht es zehn Kilometer abwärts. Meine Imaginationsfähigkeit hat Grenzen. Was ist das überhaupt: die Tiefe. Wie kann ich mir zehn Kilometer Wasser übereinander vorstellen? Wie tief könnte ich nach unten sehen? Von wo aus könnte ich noch zurück ins Helle sehen? Ab welcher Tiefe wird das Wasser nicht mehr kälter? Wie weit würde ich sinken? Würde ich eher erfrieren oder eher zerdrückt werden? Würden dann einzelne Teile von mir weiter sinken, während andere aufstiegen? Gibt es dort noch Leben, das ich mit meinen Teilen nähren könnte?

37. Tag

Auckland, Neuseeland, Waitemata Harbour

Fergusson Container Terminal

Hafenwasser Auckland

Es heißt, ich werde auf unserem blauen Planeten nirgendwo weiter weg von zu Hause sein können als hier. Mein kleines mittleres Abendland und dies kleine schöne abendliche Neuseeland – sie wären so entgegengesetzt wie nur etwas? Das ist schwer zu fassen. Das ist doch wie zu Hause hier, zumindest dann, wenn das Wetter schön ist. Ich nehme gleich den Fördedampfer nach Laboe. Ist das das Antipodische, dass das, was weiter weg ist, so heimisch daherkommt? *Auckland. City of Sails.* Und ich sehe ein Häuflein glücklicher grasender Schäfchen auf einer schönen grünen Wiese eines schönen grünen Hügels vor einem schönen blauen Himmel.

38. Tag

Hauraki Gulf, Neuseeland
36°08′ S, 174°58′ O

Pazifikwasser

Bei der *Seafarers Mission* mit dem wundersam quer fliegenden Engel im Logo. Ein gutes Seemannsheim weiß, was der Seemann braucht und hält es bereit: ein günstiges Telefonkabel nach Hause. Briefmarken und Briefkasten. Irgendetwas in der Muttersprache eines jeglichen Seemannes, was und wie aktuell auch immer. Eine Video-Tauschbörse. Das Standardsortiment: Zahnbürste, -pasta, Kamm, ein kl. Souvenir, paar Büchsen Bier; vielleicht ein Billardtisch, vielleicht ein Kleinbus in die Stadt, zu den Stätten und zurück in den Hafen. Und dafür wechselt der Seemann auch gerne paar Worte mit dem Herrn Seemannspastor. Dieser Hirte weiß, dass der Herr *alle* Schäflein liebt. Und weshalb seine Landmannskollegen ihn für einen Ketzer halten.

39. Tag

Pazifik
28°52′ S, 170°22′ O

Pazifikwasser

10 erhabene: P&O · HAMBURG-SÜD · Mitsui O.S.K. Lines · Eucon · APL MALAYSIA · BELL · IBC Bulk · DONGNAMA · K LINE · **80 mittelmäßige:** TIPHOOK FBS · GUC · UASC · FLORENS · SCI · d'AMICO · CAST · acT · LIBRA · CAI · SEABORD · GVC NGAL · UES · CCS · VCS · TOJOFUJI · CSCS · POLYNESIA · AJCL · NLS · FESCO · VIKING · OCS Matson · NORASIA · MARFRET · ALIANCA · AMF CON · H-A LINE · CRONOS · DAL · EXIM cnan · AWS · South Seas SS · CARLISLE · ANZDL · msc · Y M LINE · UNIGLORY GRIMALDI · LSPLines · contship · TASMAN ASIA · NOL · HAIXING · KMTCline CSAV COLUMBUS LINE · CHO YANG · NYK Line · HYUNDAI · cti · EVERGREEN · BHS seaco Interasia Lines · CGM · TOLL · Nedlloyd · HÖEGH LINES · LINEA MEXICANA · CHINA SHIPPING · WAN HAI · HEUNG-A · RCL · Hapag-Lloyd · MAERSK CPI · Pacific Direct · ANL · OOCL · CGA CGM · cosco · OIYZIM · P&Onedlloyd NSCSA · **10 lächerliche:** CLOU · PIL · FBZ · Gold · tex · XTRA · DELMAS · IVARAN Itel · DSR · **Container. Anmut und Würde.**

34

40. Tag

Einlaufen Nouméa, Neukaledonien

Port Autonome, Quai de Commerce

Lagunenwasser Neukaledonien

Erst kommt der Lotse, dann der Leuchtturm *Amédée*, der, weit draußen sind wir noch, auf einem Inselchen mit weißem Strand den schmalen Eingang durch das Riff markiert. Das Wrack dort drüben hat ihn nicht gefunden. Aber edel sieht es aus, wie es so da steht, viel zu groß und mitten drauf. Schnell muss es gewesen sein, viel Anlauf muss es gehabt haben. Stolz rostet es in majestätischer Hinfälligkeit seiner Verwesung entgegen, vor der größten Lagune auf Erden. Hier muss die Heimat allen Blaus sein: azur türkis ultramarin indigo kobalt himmelblass gar preußisch, ja und auch Yves Klein – hier lebt *la France*. Hinter der Kurve dann der Haken des Paradieses: die Nickelfabrik.

41. Tag

Nouméa, Neukaledonien

Port Autonome, Quai de Commerce

Hafenwasser Nouméa

In der Südsee bewohnen Kanaken ein Stück Frankreich, das so heißt, wie die Römer Schottland nannten: Neu Kaledonien. Wie geht das? In der Südsee besetzt Frankreich ein Stück Land, das schon die Briten gerne enteignet hätten. Wessen Geschichte ist ohne kolonialistisches Begehren? Seit wir ihn entdeckt haben, gibt es den Neger. Weil der Neger aber so wild ist, mussten wir ihn domestizieren. Den guten Wilden missionierten, den bösen Wilden massakrierten wir. Den edlen Wilden verfrachteten wir nach Europa und stellten ihn in den Zoo, bis er an Verkühlung starb. Heute sind wir die besseren Menschen, weil wir es uns versagen, Negerküsse zu naschen, 10 kleine Negerlein abzuzählen und die Kanaken zu nennen, wie sie heißen.

42. Tag

Nouméa, Neukaledonien

Port Autonome, Quai de Commerce

Hafenwasser Nouméa

Nachts im Hafen ist man am besten selbst ein Container. Es sei denn ein großer Kran. Oder ein dicker Gabelstapler. Alles andere ist gemein gefährlich. Ferner ist es gut, schlecht zu hören; es lärmt unerträglich. Wer sich vor Sattelschleppern in Containerschluchten retten will, muss gewärtigen, dass plötzlich von oben ein Killerkrake sich niederschwingt, lautlos im allgemeinen Krach. An guten Tagen aber ist das wüste Treiben geniales Tanztheater. Graziles Maschinenballett! Doch gab es schon Seeleute, die mit blanken Nerven auf einen Kran schossen, weil sie dessen penetrantes Alarmsignal nicht mehr hören konnten. Andere liehen sich zu Hause von ihren Kindern die Spielzeugsirene, weil sie das vertraute Alarmsignal nicht mehr hören konnten.

43. Tag

Pazifik

24°12′ S, 160°48′ O

Pazifikwasser

Landgang ist gut. Landgang tut not. Landgang ist immer zu kurz. Das Schiff fährt immer zu früh. Aber dann: endlich. Endlich wieder Leinen los. Dass das Ablegen immer wieder so froh macht. Dass das Losfahren immer wieder so schön ist. Dass das Weggehen immer wieder die Seele füllt. Jou, sagt der Kapitän, das ist so. Immer wieder. Und kaum ist der Lotse von Bord gegangen, knallen wir uns selig in die Kurve, und dann verschwindet die Mole und dann verschwindet der Hafen und dann verschwindet die Stadt und dann verschwindet die Insel und dann verschwindet der Tag und tiefer Feierabend senkt sich hernieder und die Sterne gehen auf und das Leben ist ein Geschenk des Himmels. Und jetzt wieder schön geradeaus.

44. Tag

Einlaufen Brisbane, Australien

Tonne Nr. 11, Coffee Pot W, Moreton Bay

Pazifikwasser

Abel Tasman fand die Insel, die später seinen Namen bekam und Tasmanien wurde; er fand auch Neuseeland; er fand dabei *nicht* – und das hat tragische Größe – das lang gesuchte das geheimnisvolle das australische Land. Uns wird heute geholfen. Knapp 50 Meilen werden wir im groben Zickzack durch die nur scheinbar unschuldigen Gewässer der Moreton Bay geleitet. Das ist immer so eine Sache mit dem Lotsen, sagt der Kapitän. In manchen Wassern braucht man ihn, da muss er einfach sein. Oft sagt nur die Behörde, dass er sein müsse. Und oft müsste er gut sein, und er kann es nicht. Das ist so schwer: dem Fremden sein so großes so träges so eigensinniges so schwerfälliges so liebes so teures Gefährt anvertrauen zu müssen.

45. Tag

Brisbane, Australien

Port of Brisbane, Fisherman Island

Hafenwasser Brisbane

Hinter dem Hafen von Brisbane, der weit draußen geblieben ist, wo der Fluss in die Bucht vor dem Meere fließt, erkundete ich die Küste. Ich sah charmante alte Damen unter Strohhüten im Wasser mit Enkelkindern sich erbauen, sah verwegen tätowierte mittelalte Herren ihre Hunde an der Leine ins Meer geleiten und sah lederhäutige Greise beglückt mit Bötchen spielen. Das ist ein gutes Land, sagte ich zu mir und lief heiter über einen Steg in einen tiefen einsamen Mangrovenwald, bis es ein Holzweg war, der im Wasser versank. Was nun, fragte ich mich und rechnete fest mit hungrigen Krokodilen, giftigen Mördermuränen und immer noch größeren Würgeschlangen. Es soll ja eine Menge Seeleute geben, die nicht schwimmen können.

46. Tag

Pazifik

32°17′ S, 152°53′ O

Pazifikwasser

Ein Feuersnotstand in Orange über der Küste. Bergige Bizzarerien. Das ist ja der Gipfel – was machen die denn da? Stehen so unvermittelt dickmöpsig in flacher Gegend herum. Wer sind das? Aufgesteilte Brüste? Etwa doch brüllende Seelöwinnen? Sich abregnende Wolken simulieren vulkanische Auswürfe. Eine unglaubliche Romanze um den Horizont. Alle Röten alle Gelbs. Unser Dampfer kapituliert, dreht bei in gesegnetes Dunkel. Folgt wohliges Ermatten. Von wegen! Nun ist es er, nun hat der weiße Bengel übernommen: Milchbube, die Brunst in voller Runde, gigantisch käsern, jeder Zoll ein strahlender Leuchtegern, jeder Pickel ein Statement der Coolness, spielt Billard auf der Milchstraße um das Kreuz des Südens.

47. Tag

Sydney, Australien
Port Botany, Brotherson Dock

Hafenwasser Sydney

Sydneys Hafen ist der weltberühmte: Port Jackson. Sydney hat aber auch einen Lieferantenhafen: Botany Bay, und das ist unsrer. Das darf so nicht stehen bleiben. Das geht nicht – also in aller Frühe raus aus unserem 2. Wahl-Port, quer durch die Stadt in den wahren Hafen auf die nächste beste Fähre, rausfahren – und noch einmal einlaufen! O herrliches *downunder*! Eine Frau war Kapitän. O schlotterndes Glück in der Morgenwindsonne! Eine Frau war Leinenwerfer und -festmacher. O klarstes Licht, o viele Wasser, o begnadete Anwesen. Ein Mann riss die Karten ab. Die klassischen Anblicke: Port Jackson! Die Hafenbrücke! Die *opera*! Das wird ja immer schöner! Das ist doch wahrhaftig die schönste Hafeneinfahrt unter der Sonne.

48. Tag

Tasman-See
37°18′ S, 150°11′ O

Pazifikwasser

Der Seemann sehnt sich stets an Land. Dort ist die Heimat. Ist er eine Zeit in der Heimat, dann sehnt er sich in der Regel wieder aufs Wasser. Warum das so ist? Der Seemann kann das Heckenhöhenproblem des Nachbarn trotz guten Willens nicht erkennen. Wer Leben und Tod ausgesetzt war dort draußen, wer sein Leben schon einmal jenseits der Kante baumeln sah, der versteht nicht, wie man Glaubenskriege um Stelen in Tempo-30-Zonen führen kann. Da kann er nicht mit streiten, da kann er nichts zu sagen, da geht er wieder. Da mag nun der Psycholog' hinter dem Jägerzaun den Finger heben: Verdrängung! Da sagt der Seemann: Genau. Denn er weiß, seit Archimedes gilt: Ohne Verdrängung kein Leben, kein Überleben auf See.

49. Tag

Melbourne, Australien
Swanson Dock East

Hafenwasser Melbourne

Der Kapitän hat mir sein *Englisch für Seefahrer* 4. Aufl. 1958 geliehen, mit einer guten Geschichte aus dem 19. Jahrhundert: Ein Kapitän erreichte die Bucht von Melbourne und wunderte sich, weshalb da 50 Schiffe lagen. Er erfuhr, sie hätten keine Leute mehr, Australien sei sehr verführerisch zum Abhauen; whereupon he promptly had his own crew clapped into prison on a charge of insubordination, with the result that they were ready to hand when he wanted them und thus he was able to set sail again for Liverpool ... Auch ne Art! Ich lerne die englische Übersetzung von Wörtern, deren Existenz im Deutschen mir bislang fremd war. Stropp heißt *strop*, Süll heißt *sill*, Spier heißt *spar*, aber Spill heißt – je nachdem – *windlass* oder *capstan*.

50. Tag

Melbourne, Australien
Swanson Dock East

Hafenwasser Melbourne

In Melbourne kaufte ich mir eine Weltkarte. Da könnte ich doch unseren Weg einzeichnen, festhalten. Die Karte überrascht. So ist die Welt? Mein Abendland, wo ist denn das? Das ist da außen oben links. Und wenn ich die so nahe liegende Route meines Dampfers über den Atlantik nach Amerika nachfahren will, dann muss ich zweimal ansetzen. Oben links raus. Und ganz rechts außen wieder rein. Denn auf meiner australischen Weltkarte ist selbstverständlich Australien in der Mitte. Zumindest ziemlich. Der wahre Mittelpunkt ist natürlich der Pazifik. Das macht Sinn. Meine neue Weltkarte ist wunderbar: Welt ist woanders anders.

51. Tag

Southern Ocean
38°01′ S, 136°27′ O

Indikwasser

Pazifik oder Indischer? Wieso denn schon Indischer – das ist der *Southern Ocean*. Humbug, sagt der Erste Steuermann, jedes Schulkind lernt, dass es nur drei Ozeane gibt. Aber Indien ist noch viel zu weit! Na und, ich hab gelernt: Die Grenze geht mitten durch Tasmanien. Also doch schon Indischer. Sag ich doch. Und was sind bitte die sieben Meere? Welche sieben Meere? Bei Hans Albers sind es sieben. Wie die fetten Jahre. Und die törichten Jungfrauen. Das waren nur fünf. Atlantik, Pazifik, Indik, und dann? Mittelmeer Schwarzes Meer Fünf. Kaspisches? Sag doch gleich Nordsee Ostsee. Lachhaft. Pfützen. Also hast du jetzt sieben? Ich dachte fünf. Atlantik, Pazifik, Indik, Southern Ocean. Sind vier. Plus Steinhuder Meer Raus hier!

52. Tag

Southern Ocean
36°37′ S, 126°01′ O

Indikwasser

Ist es Erleichterung? Ist es Enttäuschung? Die *roaring forties* brüllen nicht. Kein bisschen. Große Stille da draußen. Ruhig atmet es, das Meer, gleichmäßig, kräftig zwar, doch keine Spur Gehechel, ganz ruhig, beruhigend. Was sagt der jüngste Wetterbericht? Keine Sturmwarnung? Wirklich nicht? Jetzt, wo ich alle Gründe für schlechtes Wetter gelernt habe. Erstens: Da hat einer in [hier letzten Hafen mit Bordell einsetzen] die Mädchen nicht bezahlt. Zweitens: Da liegen wieder Steine im Weg. Drittens: Da hat einer eine Frau an Bord versteckt. Viertens: Wer hat da gepfiffen? Fünftens: Das kommt davon wenn man dem Teufel an die Eier greift. Zehntens: Da hat sich ein Tiefdruckgebiet zwischen den warmen und kalten Luftmassen –

53. Tag

Southern Ocean
35°11′ S, 116°20′ O

Indikwasser

Bin ich froh, dass es heute Eintopf gibt. Auf jedem Schiff, das einen deutschen Kapitän hat, wie mutterseelenallein auch immer der sein mag, gibt es heute Eintopf. Egal, ob wir nun richtig deutsch fahren oder zweitregisterdeutsch oder liberianisch-panamesisch-honduranisch-oder-wie-auch-immer-billigverflaggt – wo noch ein Fünkchen Deutschtum herrscht: heute Eintopf. Überall, auf allen Meeren. Und wenn Eintopf auf den Tisch kommt, dann weiß jeder, dass morgen Sonntag ist. Garantiert. Der Eintopf ist der Kalender des Seemanns und der Koch sein zuverlässiger Wärter. Niemals würde ein Koch an einem Dienstag Eintopf offerieren. Eintopf heißt: wieder eine Woche vorbei. Und: morgen gibts Eis zum Nachtisch. Garantiert.

54. Tag

Indischer Ozean
28°10′ S, 112°15′ O

Indikwasser

Der Kapitän! hat mir! gebeichtet!, dass er nachts gar nicht mehr gerne auf die Back ginge, wenn es denn nicht unbedingt sein müsse. Und schon gar nicht alleine. Auch kaum mehr aufs Achterdeck. Das sei ihm schlicht zu unheimlich. Da habe er einfach Schiss. Die ganzen Geräusche. Und so dunkel alles. Und man wisse ja nie. Nanu! denke ich, der immer dachte, nur ich hätte dieses Problem, wenn ich mit gewaltiger Selbstbeherrschung mein romantisches Pflichtprogramm zu vollstrecken suche. Wobei der Kapitän eher befürchtet, er könne von einem blinden Passagier, der im Schutze der Dunkelheit an die Luft sich wagt, aus Angst, entdeckt zu werden, einen über die Rübe gezogen kriegen; ich hingegen Angst vor dem Klabautermann habe.

55. Tag

Indischer Ozean
21°46′ S, 110°02′ O

Indikwasser

Wer freiwillig mit Frachtschiffen monatelang über die Meere fährt, muss anscheinend besondere Devianzen aufweisen. Man berichtet mir von einem, der hätte immer ein Telefonbuch von New York City im Kühlschrank gehabt, die 1993er Ausgabe, weiter nichts. Zwei andere hätten nie und nirgendwo das Schiff verlassen. Auch auf dem Schiff seien sie nur zu den Mahlzeiten aufgetaucht. Sonst wären sie stets in ihrer Kammer geblieben, wohin sie sich täglich eine Kiste Bier hätten bringen lassen. Wieder ein anderer wäre andauernd auf der Suche nach Verschwörungen gewesen und hätte selbst schlechtes Wetter für einen vorsätzlichen Angriff des Kapitäns auf sich gehalten. Ich weiß nicht, ob ich wissen will, was sie von mir berichten werden.

56. Tag

Indischer Ozean
13°49′ S, 107°23′ O

Indikwasser

Morgen ist Geschlechtstag. Vielleicht auch erst übermorgen. Je nachdem wann wir nun wirklich in Jakarta rangehen können. Auf unserer Route ist das ehemalige Batavia der einzige Hafen, in dem für die entsprechend disponierten Crew-Mitglieder das Preis-Leistungs-Verhältnis stimmt. Dass *einmal Bumsen* 150 000 Indonesische Rupien kostet und dass das etwa 20 US-Dollar wären, das hat mir der *messman* schon vor Wochen angetragen. Für die Männer bedeutet das alle drei Monate einen Festtag. Der wird fröhlich begangen. Gut gekleidet, gut duftend und frisch frisiert knattern sie auf den Rücksitzen der Moped-Taxis den Frauen entgegen. Und hinterher werden sie wieder glücklich schlafen und von ihren Familien daheim träumen.

57. Tag

Sunda-Strasse

6°32′ S, 105°27′ O

Indikwasser

Schau, da schiebt sich Java aus der heißen Regenwand, und dort der Krakatau! Wie er nuckelt an den Wolken! Wir in der Sunda-Straße! Und backbord Sumatra! Namen von Zauberklang. Verheißung süßer schwerer Düfte, Sandelholz. Hier ist ja das Wasser ganz schwarz. Das soll Jakarta sein? Was gar nicht zu sehen ist? Ist das die Regenzeit? Es kann doch noch nicht Dämmerung sein. Das kann doch nicht alles Smog sein. Das darf doch nicht alles Dreck sein. Die graue Wand dahinten, die das Meer abriegelt, das ist die Stadt. Da wohnen zehn Millionen Menschen und üben Apokalypse.

58. Tag

JAKARTA, INDONESIEN

TANJUNG PRIOK TERMINAL, PETI KEMAS KOJA

Hafenwasser Jakarta

Heute kommen in manchen Häfen Telefonkartendealer an Bord. Der Seemann lobt den Fortschritt, zahlt 10 Dollar, geht runter ans Quai, wählt zwei Dutzend Nummern plus die eigene und kann dann 1/2 Stunde mit zu Hause reden. Das tut gut, wenn zu Hause alles gut ist. Wenn nicht, dann ist es furchtbar schlecht. Denn dann merkst du plötzlich, dass du eben doch am anderen Ende der Welt bist. Und du bist nicht in einer Stunde im Krankenhaus oder morgen beim Elternsprechtag oder nächste Woche beim Scheidungsanwalt.

59. Tag

JAVASEE

5°16′ S, 107°06′ O

Pazifikwasser

Ich habe Nirwana gesehen. Es liegt etwa drei Seemeilen vor der Hafenausfahrt von Jakarta, ein bisschen westlich vom Fahrwasser, genau auf 6°02′ S und 106°51′ O. Ehrlich gesagt, ist dieses Nirwana eher ein großes Büschel Schilf denn eine Insel. Aber in unserer Seekarte steht es ganz deutlich. Überhaupt Seekarten! Sie erzählen von Riffs und von Wracks, von gefährlichen Strömungen, von rettenden Ufern und von der Befindlichkeit seefahrender Namensgeber. Seekarten sagen dem Seemann, wo er um Gottes Willen keinen Anker werfen und wo er nun bitte endlich den Lotsen rufen soll. Und dann ist auch eingezeichnet – mit Bleistift –, wann und wo der Kapitän zu wecken ist. Nirwana hat er noch nie verschlafen.

60. Tag

Südchinesisches Meer

1°16′ N, 104°54′ O

Pazifikwasser

Da verflucht der Seemann sein Schicksal: ankern müssen in Sichtweite des Küstenvergnügens statt Landgang mitten hinein. Bis vor zehn Minuten plante noch ein jeder seinen Samstagabend heute Abend: 13 Uhr *pilot*, 14 Uhr *first line ashore*, 15 Uhr *customs & immigration*. Und los. Denn Singapur, diese langweiligste Stadt in ganz Asien, diese *fine city*, diese Glaskugel-Schweiz unter Sagrotanschnee, hätte sich heute Abend selbst übertroffen: mit dem Chinesischen Neujahrsfest. Dann kam das neue Fax vom Agenten: 14 Uhr *pilot*, 15 Uhr *eastern working anchorage*, bunkern auf Reede, nach Mitternacht dann weiter, festmachen ganz woanders, nagelneuer Anleger, ganz weit draußen. Da verflucht der Seemann sein Schicksal.

61. Tag

Singapur, Pasir Panjang

Containerterminal

Hafenwasser Singapur

Sechs Crew-Mitglieder mustern in Singapur ab. Ein ganzes Jahr lang haben sie nun auf diesem Schiff gearbeitet. Ein ganzes langes Jahr haben sie ihre Familien nicht mehr gesehen, um ihnen ein Leben zu ermöglichen, das sie die Trennung in Kauf nehmen lässt. Zwei bis drei Monate werden sie jetzt zu Hause vorübergehend am Wachstum ihrer Kinder teilnehmen und vielleicht ein neues zeugen, das sie dann später auch einmal im Jahr ein paar Wochen sehen werden. Die Kommenden und die Gehenden sind Kuriere für die Bleibenden. Das ist alles sehr gut und sehr liebevoll organisiert zwischen den Burma-Männern: Liebe Grüße, kleine Geschenke, heimische Naschereien werden befördert. Und die ganze Heuer für die Familien.

62. Tag

Strasse von Malakka

3°47′ N, 99°47′ O

Indikwasser

warnings: an increased number of piracy and armed robbery have been reported for all ports in indonesia, gelasa straits, bangka straits, berhala straits, sunda straits, bangkok bar in thailand, manila bay in philippines, malakka straits, singapore straits, chittagong roads, bangladesh, colombo port, gulf of aden / somali coast. ships transiting these areas advised to be extra vigilant and maintain an anti piracy watch. pirates armed with guns / knives on spd boats board ships and take hostage of crew members and steal cash and ship equipment, crew valuables.

63. Tag

Indischer Ozean

5°57′ N, 91°45′ O

Indikwasser

In Singapur, in einer der allerletzten verbliebenen Straßen der Chinesenstadt, kaufte ich mir eine schöne kalligraphische Schriftzeichenrolle, mit ein paar antik anmutenden Stockflecken, zum an die Wand hängen. Sie bedeutet in etwa: O siehe wie schön die Sterne leuchten am Himmel und ach schau auch der Mond leuchtet so schön und dort die Lichter am Ufer sie leuchten so schön oh wie leuchtet die Erde so wunderschön wenn man auf dem Meer ist und schaut. Kann natürlich auch sein es heißt: Wer dies kauft ist eine überspannte Langnase. Kann mir ja leicht ein Xin für ein Uao vormachen, so eine chinesische Verkäuferin. Aber woher wusste diese Frau eigentlich, dass ausgerechnet ich ausgerechnet diesen Text kaufen würde?

64. Tag

Indischer Ozean
5°50′ N, 83°02′ O

Indikwasser

Wir reiten hier auf dem Strom mit 22 Knoten, haben den Nord-Ost-Monsun uns hilfreich zur Seite wehen, und wenn dann die Tage wieder 25 Stunden hergeben, dann schaffen wir locker 1000 km! Das ist doch Wahnsinn! Und wir sind nicht allein – ein Verkehr wie laufende Keiler. Von der Südspitze Sri Lankas bis zur Nordspitze Sumatras ist es die Rennstrecke für alles, was Europa, den Persischen Golf, Indiens Westküste mit Fernost und dem Südpazifik verbindet. Und die Containerschiffe werden immer noch größer, geraten völlig aus den Proportionen, sprengen alle Maße. Na, schau dir doch bloß die *Susan Maersk* an da drüben: 16 40er vor der Hütte, 6 dahinter, 16 breit – das ist doch nicht zum Ansehen! Das ist doch kein Schiff mehr!

65. Tag

Colombo, Sri Lanka
Jaye Containerterminal

Hafenwasser Colombo

Will ein Land mit anderen Ländern verkehren, Handel treiben, muss es für den Warenumschlag Sicherheit gewährleisten können. Und auch ein Hafen ist verletzlich. Wer in Colombo das Hafengelände verlassen will, um dem Heiligen Elefanten vom Gangaramaya-Tempel eine Opfergabe zu bringen, wird über Kilometer hinweg an mehreren Stationen kontrolliert: von der Polizei, vom Militär, von der Hafenbehörde. Wer auf sein Schiff zurückkommen will, ebenso. Gegen Abend wird eine ganze Hafeneinfahrt verriegelt, bei der anderen die Bewachung vervielfacht. Man fürchtet terroristische Taucher und schleppt einen Gastanker über Nacht nach draußen auf Reede. Der Freihafen als Hochsicherheitstrakt. Wer kann sucht das Weite.

66. Tag

Indischer Ozean
7°36′ N, 75°18′ O

Indikwasser

Der *eight degree channel* führt zwischen den Malediven und den Lakkadiven hindurch. Wir passieren die indische Insel Minicoy, seit alters her Verbannungsort für Leprakranke. Bei Inseln, deren Geschichte wir nicht kennen, imaginieren wir Geschichten. Unsere Favoriten der letzten Wochen waren: die Disappointment-Inseln (14°02′ S, 141°24′ W), nicht zu verwechseln mit der Disappointment-Insel (50°35′ S, 166°00′ O); Christmas Island (10°30′ S, 105°40′ O), nicht zu verwechseln mit der kiribatischen Christmas-Insel Kiritimati. Rat Island! Disaster Bay! Hen and Chicken! Meine indonesische Lieblingsinsel bleibt mein Geheimnis. (Nicht zu verwechseln mit dem gleichnamigen Ort auf der zu Neukaledonien gehörenden Loyalitätsinsel Lifou.)

67. Tag

INDISCHER OZEAN
8°50′ N, 68°47′ O

Indikwasser

Früher war alles besser. Natürlich. Wir hatten längere Liegezeiten. Aber drei Monate Colombo wird man verrückt bei. War aber besser. Neun Monate Lagos kenn ich einen: Irrenhaus. Aber afrikanisches, nie mehr was gehört. War aber besser früher. Immer war früher alles besser. Also auch bei der Seefahrt. Container sind das Ende. Als wir noch Stückgut fuhren! Als wir noch richtige Dampfer fuhren! Als wir noch Kohle schippten! Dampfer sind das Ende! Als wir noch segelten! Jou! Als wir noch Galeere ruderten! Wie bitte?

68. Tag

INDISCHER OZEAN
10°07′ N, 61°40′ O

Indikwasser

Noch Anfang der 90er war Nachhausetelefonieren schwierig. Mit Glück und Zeit bekam man im Seemannsheim »ein Amt«. Aber vielleicht war es dann auch gerade zu Hause halb vier in der Nacht. Dann hat mancher lieber nicht angerufen. Nicht um nicht zu wecken, sondern aus Angst, es könnte keiner zu Hause sein. Es gab auch noch Radio Norddeich. Oder Radio Pinkepank. Das war gut für die Weihnachtsgrüße. Aber sonst? Das Stammeln über Funk *over* dem die halbe Welt zuhörte *over* ist ausgestorben *over.* Die Jungs von Radio Norddeich waren bisweilen mitfühlend und kommentierten das Gespräch: Na min Schong, da kannstich mann waam anziehn. Und rechneten dann auch mal zwo Minuten weniger ab.

69. Tag

Indischer Ozean
11°36′ N, 53°44′ O

Indikwasser

Dein Mond steht direkt über dir. Das bisschen Schatten, das du wirfst, das siehst du zwischen deinen Füßen. Dein Mond steht auch inmitten eines gewaltigen Loches im Himmel. Das Loch ist eingefasst durch einen geschlossenen Ring aus Regenbogen. Zwischen Ring und Wasser auf Erden ist Himmel, zwischen Ring und Mond ist Loch. Mutternatur / schreibt ihren Söhnen / aufsee / ihr Geschlecht / in den Himmel. Aufgeschlossen ist das Firmament. Ein urweltliches Zeichen, das zum Glauben niederstreckt. Ein Sog von überschüttender Erfüllung. Da mussten die Alten zu großen Taten aufbrechen: Ozeane entdecken, Außerirdische begrüßen, himmlische Frieden schließen.

70. Tag

Golf von Aden
12°22′ N, 45°40′ O

Indikwasser

Wir hatten heute Grünkohl an Brägenwurst neben Salzkartoffel mit Kassler unter Pinkel. Draußen zwingt *Bab el Mandeb*, das Tor der Tränen, den Indischen Ozean ins Rote Meer, backbord Djibuti und Eritrea, steuerbord Jemen. Dazwischen Hardenberger Korn. Der Grünkohl ist wunderbar. Wir haben es sehr heiß im Schatten. Der Kapitän ist glücklich. Wir haben es sehr feucht in der Luft. Der Koch strahlt. Er habe schon viel gelernt auf diesem Schiff, bei diesem Kapitän. Überhaupt lerne er sehr gerne. Nur die Zeit damals in der Küche des Bananendampfers, der wegen der großen Kühlräume verchartert worden war zum Leichentransport von Vietnam in die USA, die hält unser Koch für verloren. Da hätte er keine neuen Rezepte gelernt.

71. Tag

Rotes Meer
17°14′ N, 40°31′ O

Rotes Meer Wasser

Rotes Meer Schwarzer Tag. Das endlose Geschaukel geht mir auf die Nerven. Der dauernde Maschinenlärm geht mir auf den Geist. Das permanente Vibrieren geht mir auf den Senkel. Die ewige Hitze geht mir über die Hutschnur. Der ständige Küchengestank geht mir auf den Keks. Der unablässige Wind geht mir auf den Sack. Das uferlose Geseiere der Seeleute geht mir auf die Eier. Ein Scheißtag heute. Die ganze Christliche Seefahrt kotzt mich an. Der Schädel bläht, es fiebert der Wanst. Vielleicht doch in Sri Lanka die Malaria geholt? Oder nur der Grünkohl von gestern? Ist das schon der Mond? Gott sieht das geil aus. Und da drüben, quer übers Wasser, diese Farben! Wunderbar! Du musst einen Scheißtag behaupten, das erwarten sie alle.

72. Tag

Rotes Meer
22°54′ N, 37°09′ O

Rotes Meer Wasser

Überall etwas, was zusammengehört, alles Brüder: in Kürze The Brothers, Inselchen hier im Roten Meer; vor kurzem The Brothers, Al Ikhwan, die zu Sokotra und damit zum Jemen gehören; dann The Brothers südlich der Duncan-Passage zwischen der Südlichen und der Kleinen Andamaneninsel; oder The Brothers in Neuseeland zwischen North und South Island. Ein Schiffskoch aus Mombasa, der trotz seines christlichen Vornamens im Glauben weit gekommen war, hat mir einst folgende Weisheit seines Stammes nahe gebracht: Gott ist gut. Gott wünscht Gutes für jeden. Gott tut Gutes für jeden. Eigentlich wäre alles gut. Aber leider hat Gott einen schwachsinnigen Bruder, der ihm immer wieder ins Handwerk pfuscht.

73. Tag
Golf von Suez
29°02′ N, 32°51′ O

Rotes Meer Wasser

In aller Herrgottsfrühe sägt die Sonne den Sinai aus der Nacht. Keine 1/2 Stunde bleibt er scharf, dann vergeht er im Dunst des Tages. Die letzten Minuten ist seine ganze kahle Schroffheit unbarmherzig ausgeleuchtet. Das kündet eher vom Ende der Welt denn von ihrer Schöpfung. Das verkündet 40 Jahre Wüste, das spricht von Leid und Müh und Strafe! Strafe! Strafe! Wie kurz und gut und leicht hatten es noch vor fünf Wochen die Maori: Ein Vogel ließ ein Ei in die Ursee fallen. Es zerbrach, und heraus kamen ein Mann, eine Frau, ein Knabe, ein Mädchen, ein Schwein, ein Hund und ein Kanu. Alle stiegen in das Kanu und kamen damit nach Neuseeland. Wir nach Ägypten.

74. Tag
Suezkanal, Kilometer 115
Einfahrt Grosser Bittersee

Kanalwasser Suez

Suezkanal: Der Hafen-Lotse bekommt eine Stange Marlboro. Der Begrüßer bekommt eine Stange Marlboro. Der Kanal-Lotse bekommt zwei Stangen Marlboro. Der zweite Kanal-Lotse bekommt zwei Stangen Marlboro. Der *immigration*-Anmelde-Mann bekommt eine Stange Marlboro. Der *immigration*-Mann bekommt zwei Stangen Marlboro. Der andere *immigration*-Mann bekommt eine Stange Marlboro. Wehe der Zöllner bekommt keine zwei Stangen Marlboro. Der Kanal-Elektriker bekommt eine Stange Marlboro. Der Kanal-Elektriker-Assistent bekommt auch eine Stange Marlboro. Der Kanal-Elektriker bekommt daraufhin einen Tobsuchtsanfall. Weitere 18 Stangenempfänger können aus Platzgründen hier nicht berücksichtigt werden

75. Tag
Port Said, Ägypten
Containerterminal

Hafenwasser Port Said

In Port Said lebt Samir Ferdinand Ahmed Garrahy und hat einen Laden. Da steht in drei Farben schwarz *Fer* rot *din* gelb *and* drüber, denn Samir Ferdinand hat eine deutsche Frau. Der Laden aber liegt in den letzten Zügen. Die Vitrinen sind fast leer. Die Regale sind schon teilweise abgebaut. Auf den Resten haust der Staub. Früher! Da hat er mit allen Schiffen gedealt! Er kannte jeden Kapitän! Und alle fliegenden Schiffshändler haben für ihn gearbeitet! Hinter dem Ladentisch, schon im Müllsack, hat er 2500 bedruckte Karten, auf denen – auf Deutsch – geschrieben steht: Ferdinand Ahmed Garrahy, Bumboat-Mann-Kaufmann fuer DDR Schiffe. Wenn der Mantel der Geschichte in Deutschland weht, sterben in Ägypten die Schmetterlinge.

76. Tag
Mittelmeer
33°44′ N, 26°43′ O

Mittelmeerwasser

Ach unser kleines Meer: das Mittelländische, das zwischen Morgen und Abend. Auf dem Kartentisch vertraute Küstenlinien. Ein ganzes Schülerleben verzeichneten wir auf den Einband-Innendeckeln unserer Latein-, Geschichts-, Religionsbücher manch exzessiven Privatkreuzzug, verschonten Monster nicht und auch nicht Nymphen. Enthaupteten den siebenschwänzigen Lateinlehrer, entdeckten Circe hinter der Bluse der Geschichtsreferendarin und warfen zwischen Ephesus und Korinth den Pfarrer über Bord, gaben ihm aber wg. 1. Kor. 13 einen Rettungsring mit. Das ist ein Stück Zuhause. Die Sache wird immer runder.

77. Tag

Mittelmeer

36°57′ N, 17°44′ O

Mittelmeerwasser

Die Straße von Messina. Wir hatten den Lotsen, den Odysseus – sieht man von seiner Sponsorin Athene ab – zugegebenermaßen nicht hatte. Ein furchtloser Gesell, schwingt er sich bei laufenden 18 Knoten vom Lotsenboot auf unsere Strickleiter, eine Plastiktüte am Handgelenk baumelnd, darinnen vier Flaschen *Donna Fugata*. Eine sizilianische Aufmerksamkeit für den Kapitän. Eine knappe halbe Stunde lotst er uns an Scylla vorbei. Charybdis scheint fortgezogen zu sein. Dann springt er wieder auf sein Boot, wir ändern den Kurs von 64° auf 324° und halten nun auf Stromboli zu. Selbstredend hat Odysseus auch hier schamlos übertrieben. Aber wie anders hätte er Frau und Kind verständlich machen sollen, weshalb er so spät kommt?

78. Tag

Tyrrhenisches Meer

41°59′ N, 10°18′ O

Mittelmeerwasser

Die Trattoria auf der anderen Straßenseite heißt wirklich *O sole mio*. Der Kellner schnöselt so sagenhaft formvollendet, wie nur ein italienischer Kellner ganz knapp jenseits der Adoleszenz schnöseln kann. Und im Fernsehen Fußball: Abendland, Heimat. Vorsichtshalber wünsche ich *Italia* einen Sieg. Und es gewinnt gegen eine nordeuropäische Mannschaft weitgehend würdelos eins zu null durch einen armseligen Elfmeter, was keinen der Docker im Saale froh macht. Einzig der Kellner wagt eine kleine Emotion und legt *Forza Italia* auf den *Aida*-Triumphmarsch. *E la nave va*.

79. Tag

La Spezia, Italien, Porto Mercantile
Sporgente Fornelli

Hafenwasser La Spezia

Heute Fischmarkt in La Spezia. Das gibt es alles? Das schwimmt alles in diesem Meer? Das sind ja wahre Ungeheuer, gefährliche Mäuler, vorwurfsvolle Augen, Zähne Näpfe Stacheln Messer. Und so viele! Und – noch ungeheuerlicher: Das kann man wirklich alles essen? Es wäre doch schön, dürften wir diese üppige Vielfalt für ein Zeichen beginnender Erholung des Meeres halten. Wir meinten auch in den letzten Wochen, auffällig weniger Dreck auf den Ozeanen schwimmen zu sehen als vor zehn Jahren. Gewiss immer noch viel zu viel. Zum Beispiel vor Suez eine Plastiktütendichte wie Quallenvölker in härtesten Ostseesommern. Und die Bucht von Jakarta: Kloake pur. Aber generell: deutlich weniger Öl, deutlich mehr Hoffnung.

80. Tag

Mittelmeer
42°52′ N, 6°13′ O

Mittelmeerwasser

Wie nah jetzt alles brav bei einander liegt. Ein halber Tag nur bis Marseille. Hier ist Der Hafen. Das hat mit dem Le Havre von vor bald einem viertel Jahr nichts zu tun. Hier ist das Mittelmeer versammelt, und zwar ganz. Und dann dazu der Rest der Welt, Frankreich von überall. Das ist arabisch und afrikanisch und kanakisch und polynesisch und indochinesisch. Boote fahren bis auf den Marktplatz, Kaschemme liegt an Kaschemme, die Oper und der Puff teilen sich das Viertel mit Hunden, Katzen, Fischen. Am Containerterminal ist die preußische Effizienz des asiatischen Raumes endgültig vorbei. Port Said ist näher als Singapur. Berlin ist weiter als Tunis und Algier. Und das ist auch gut so. Denn hier warten wir gern.

81. Tag

Marseille, Port Autonome
Bassin Mirabeau

Hafenwasser Marseille

Am Eingang zu Notre-Dame de la Garde hängen Schilder, die Badehosen, Bikinioberteile, Zigaretten und Hunde verbieten. Der Seemann braucht solche Schilder nicht. Er wird auch in *seiner* Messe nie im Arbeitsoverall Platz nehmen und er pfeift auch nicht auf *seinem* Schiff. Zu Unserer Lieben Frau über dem Hafen von Marseille ist er schon immer gern hinauf gestiegen und hat hier Schutz gewünscht für sich und für sein Schiff. Egal an welchem Ufer er sonst seinen Glauben versah, an diesem Ort kamen seit je Maria und Matrose zusammen. Die Mosaiken an der Decke zeigen Heimat: Arche, Regenbogen, Leuchtturm, Stern. Die Bilder an der Wand sagen innig Dank für wundersame Rettung aus großer Not und schwerem Sturm.

86. Tag

Tilbury, Gross Britannien

Northfleet Hope Container Terminal

Flusswasser River Thames

Zuletzt noch auf den Themse-Fluss. Nicht dass dieser zu den besonders einladenden Gewässern zählte. Nicht dass in Tilbury, vor Londons Toren, besonders viele Container-*moves* zu erwarten wären, aber eine kleine Referenz an das Mutterland, die will doch sein, das gehört sich doch. Zumindest ist hier die Sprache zu Hause, die heute die Welt auf dem Wasser zusammenhält. Weder die Polynesier noch die Wikinger und auch nicht die Griechen haben vergleichbare Spuren hinterlassen können. Der französische Lotse, der chinesische Kranführer, der burmesische Bootsmann, der ägyptische Funker – wir alle radebrechen Englisch. Und täglich neu grenzt es an Wunder, dass wir uns gut genug verstehen, um Katastrophen – meistens – zu umschiffen.

87. Tag

Einlaufen Rotterdam, Nieuwe Maas

Kilometer 101

Fluss- & Hafenwasser Rotterdam

Die mit Schiffen auf dem Meer fuhren und trieben ihren Handel in großen Wassern; die des Herrn Werke erfahren haben und seine Wunder im Meer, wenn er sprach und einen Sturmwind erregte, der die Wellen erhob, und sie gen Himmel fuhren und in den Abgrund fuhren, dass ihre Seele verzagte, dass sie taumelten und wankten wie ein Trunkener; die zum Herrn schrieen in ihrer Not, und er führte sie aus ihren Ängsten und stillte das Ungewitter, dass die Wellen sich legten und sie froh wurden, die danken dem Herrn für seine Güte und für seine Wunder, die er an den Menschenkindern tut. Wie das wohl wäre, wenn man so lange nach Osten führe, bis man aus dem Westen wiederkäme? Da wird es doch vielleicht ein Schiff geben? Mal sehen.

ISBN 3-7254-1282-0
Alle Rechte vorbehalten
© Sanssouci im Carl Hanser Verlag München Wien 2003
Schutzumschlaggestaltung: Birgit Schweitzer, München,
unter Verwendung von Fotografien von Peter Schanz
Satz und Layout: Meike Harms, München
Druck und Bindung: Fotolito Longo, Bozen

Die in diesem Band enthaltenen Fotografien
von Peter Schanz sind unter dem Titel **87 Tage Blau**
auch als Ausstellung zu sehen.
Kontakt: BildKultur, Stuttgart – www.bildkultur.de

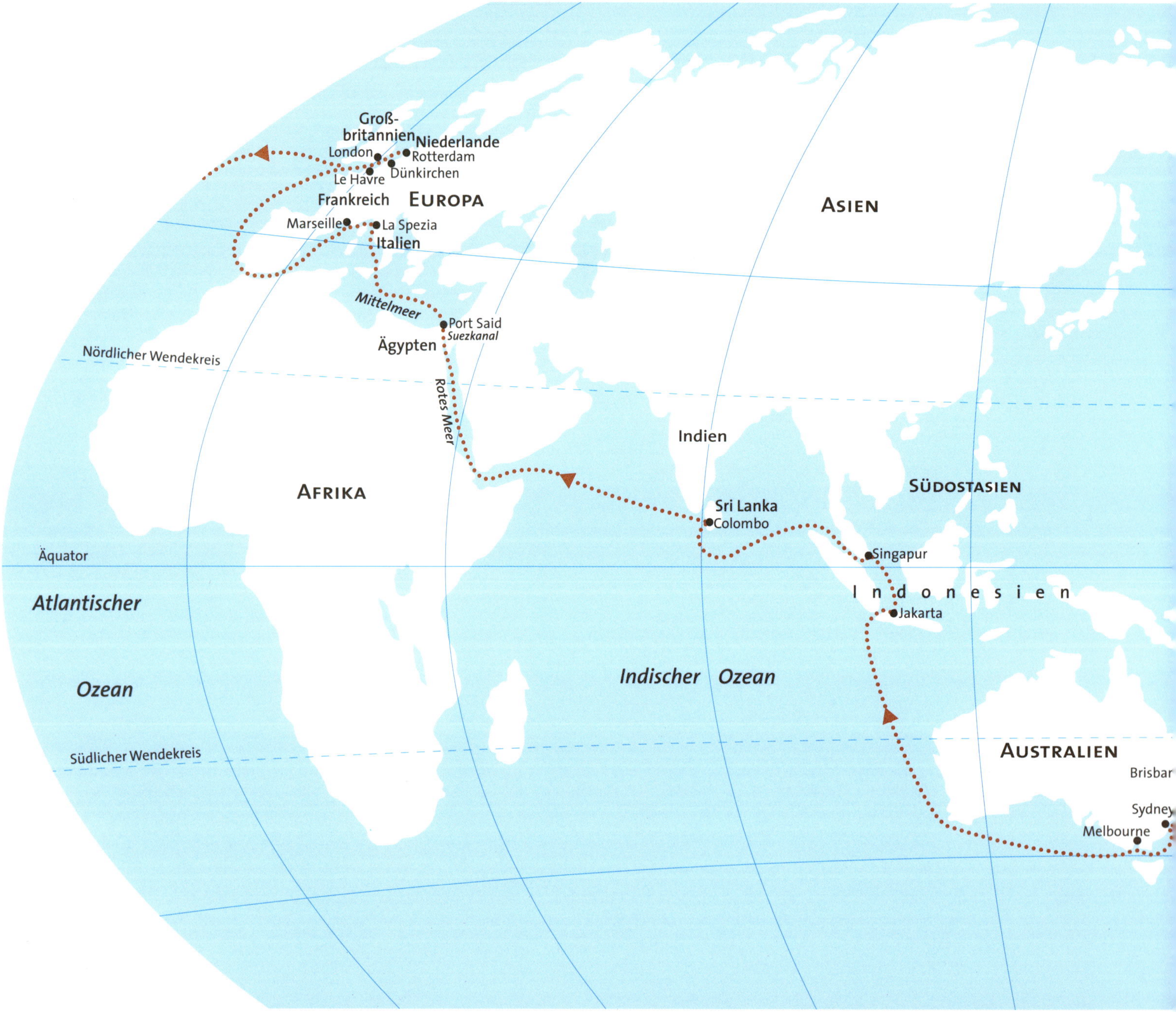
Groß-
britannien
Niederlande
London
Rotterdam
Dünkirchen
Le Havre
Frankreich
EUROPA
Marseille
La Spezia
Italien
Mittelmeer
Port Said
Suezkanal
Ägypten
Nördlicher Wendekreis
Rotes Meer
ASIEN
Indien
AFRIKA
SÜDOSTASIEN
Sri Lanka
Colombo
Singapur
Äquator
Atlantischer
Ozean
Indonesien
Jakarta
Indischer Ozean
Südlicher Wendekreis
AUSTRALIEN
Sydney
Melbourne